AF494727

# LE

# 6ᵉᵐᵉ CUIRASSIERS

## A LA
## BATAILLE
## DE L'AVRE

27 - 28 - 29 - 30  MARS  1918

IMPRIMERIE  F.  PAILLART

ABBEVILLE

Le 24 mars 1918, le 6ᵉ Cuirassiers, cantonné depuis la fin de février dans la région de Saint-Amand-Montrond (Cher), en prévision de mouvements grévistes et révolutionnaires à Bourges, est alerté et reçoit l'ordre de se tenir prêt à faire mouvement. Dans la nuit du 25 au 26 mars l'ordre de départ arrive : les Escadrons et l'Etat-Major embarqueront successivement à Saint-Amand le 26, le 4ᵉ Escadron à 3 h., l'Etat-Major à 6 h., le 2ᵉ Escadron à 9 h., le 3ᵉ à 12 h., le 1ᵉ à 15 h. Destination inconnue.

Le Régiment est commandé, en l'absence du Lieutenant-Colonel DE MALET en permission, par le Lieutenant-Colonel FIX. Les Escadrons sont commandés respectivement : le 1er par le Capitaine DE LAFOND, le 2e par le Capitaine DE CHARON, le 3e par le Capitaine DU COUEDIC DU COSQUER et le 4e par le Lieutenant DE SAINT-VENANT remplaçant le Capitaine GUILLEMETTE en permission.

# JOURNÉE DU 27

Le 4ᵉ Escadron débarque à Conty, à 20 kilomètres environ au Sud d'Amiens, le 27 mars à 6 h. Le Lieutenant de Saint-Venant a comme Officiers les Lieutenants Bouchelet et de Rochetaillée et le Sous-Lieutenant Mandonnet. Il reçoit par l'entremise du Commissaire de gare l'ordre d'aller cantonner à Contoire ¹ sur la rive droite de l'Avre. La situation est, paraît-il, mauvaise et les Escadrons doivent dès leur arrivée prendre les avant-postes. Cela semble un peu exagéré quand on vient de la région si paisible de Saint-Amand et qu'on ignore ce qui se passe.

L'Escadron se rend donc à Contoire par Ailly-sur-Noye, Mailly-Raineval, Braches, précédé du Sous-Lieutenant Mandonnet chargé,

---

1. Consulter la carte dépliante en fin du volume.

avec quelques hommes, de préparer le cantonnement. Tout le long de la route des voitures
de paysans chargées de mobilier, des convois
et des troupes Anglaises battant en retraite
donnent une nouvelle impression de la débacle
du début de la guerre.

A 13 h. 30 le 4e Escadròn arrive à Contoire
et s'établit dans le village abandonné. Il n'y
reste que le maire, deux ivrognes et une folle.
Tout le reste est parti avec les Anglais qui,
avant de s'en aller, ont consciencieusement
pillé les maisons. A 14 h. 30 l'installation est
terminée et chacun pense à se restaurer quand
arrive le Capitaine Besnard de l'Etat-Major de
la Division (général Lavigne-Delville) qui
apporte des ordres. Ils sont pressants et peu
rassurants :

La première unité arrivée à Contoire ira
immédiatement s'établir en avant-postes entre
Davenescourt et Hangest-en-Santerre : elle
prendra sa liaison à sa gauche vers le bois 102
avec un Escadron du 28e Dragons. Renseignement complémentaire : les Allemands sont à
Erches et commencent à en sortir se dirigeant
vers l'Ouest.

Le Lieutenant de Saint-Venant alerte immédiatement son Escadron et fait reseller les

chevaux qui, conduits par un homme pour quatre, seront ramenés sur la rive gauche de l'Avre sous les ordres de l'Adjudant Jeanniot. Puis il organise sa troupe pied à terre, en forme trois pelotons commandés respectivement par les Lieutenants Bouchelet, de Rochetaillée et Mandonnet et se met en route à 15 h. avec 58 hommes. Auparavant il a envoyé le Sous-lieutenant Mandonnet avec quatre hommes à cheval faire la reconnaissance des emplacements qu'il doit occuper.

En arrivant à Davenescourt, l'Escadron croise une Compagnie Anglaise qui se replie tranquillement. Le château et le parc sont occupés par une compagnie du 132ᵉ d'Infanterie. Le Sous-lieutenant Mandonnet revient de sa reconnaissance : il a pris la liaison avec le 28ᵉ Dragons, il rend compte que tout est calme et qu'il n'a rien vu d'inquiétant. Au moment où le Lieutenant de Saint-Venant va s'installer sur sa position, une Compagnie du 321ᵉ d'Infanterie arrive. Les deux unités se partagent le terrain, l'Escadron se place à la droite du 321ᵉ et le prolonge jusqu'au mur du château. Quelques balles comment à siffler et un obus tombe sur la ligne sans toucher personne. Le lieutenant de Saint-Venant installe sa défense dans d'anciens abris de batteries et établit ses liaisons à droite et à gauche.

Vers 18 h. il apprend par un peloton de Dragons qui rejoint son unité que la Compagnie du 132ᵉ placée à sa droite se replie ; il est donc complètement découvert de ce côté. Il envoie immédiatement les pelotons Bouchelet et de Rochetaillée reconnaître le parc et le village de Davenescourt et vérifier l'exactitude du renseignement qu'il vient de recevoir. Le Sous-Lieutenant Mandonnet avec quatre hommes s'avance le long du mur du parc pour surveiller la sortie Ouest du village. De sa personne le Lieutenant de Saint-Venant reste sur la position avec le dernier peloton renforcé des quatre fusils-mitrailleurs des pelotons de reconnaissance. Au cours de cette opération, le Lieutenant Bouchelet, seul en avant de sa troupe, voit en arrivant à la sortie Sud-Est du parc une Compagnie ennemie qui entre tranquillement dans le village ; il tire à bout portant ; le Lieutenant de Rochetaillée arrivant avec les hommes de la reconnaissance achève de jeter la panique dans les rangs de l'ennemi qui s'enfuit en laissant des morts sur le terrain. Puis les deux pelotons reviennent. Le parc et le village sont bien abandonnés par la Compagnie du 132ᵉ qui se replie sur Boussicourt. Le Lieutenant de Saint-Venant avertit de cet incident le Capitaine du 321ᵉ qui se trouve à sa gauche, lequel en réfère à son Chef de Bataillon. Celui-ci, jugeant inutile d'occuper le parc et le village avec d'aussi faibles effectifs, envoie vers 20 h. à l'Escadron l'ordre de s'établir sur le plateau en crochet défensif face au Sud. Les hommes creusent des trous de tirailleurs et de nombreuses patrouilles sont envoyées vers le parc et la route de Davenescourt à Contoire qui passe au fond de la vallée. Le calme règne sur le front de l'Escadron, mais au Sud la fusillade crépite et l'on voit aux fusées qu'il lance que l'ennemi progresse sur la rive gauche de l'Avre [1].

Vers 23 h. le Lieutenant de Saint-Venant reçoit du Lieutenant-Colonel Fix arrivé à Hargicourt l'ordre de rester pour la nuit sur les emplacements qu'il occupe. Quelques instants après nouvel ordre : l'Escadron doit se replier

---

1. A la tombée de la nuit, le Maréchal-des-Logis Marnat portant un renseignement tombe en traversant Davenescourt sur des Allemands qui veulent l'arrêter ; il pique des deux et traverse le village au galop, poursuivi par la fusillade qui ne l'atteint pas. Il arrive à s'échapper grâce à son sang-froid et à son audace.

sur Contoire de façon à interdire à l'ennemi l'accès de la vallée. Après avoir demandé et reçu à o h. la confirmation de ce deuxième ordre qui allait découvrir le 321e, le Lieutenant de Saint-Venant prévient l'Infanterie et effectue son repli sans être inquiété. Il arrive à 2 h. à Contoire où il trouve la section de mitrailleuses Gallet.

Pendant ce temps, les autres éléments du Régiment débarquent tour à tour soit à Lœuilly, soit à Conty ; l'Etat-Major et les sections de mitrailleuses à 9 h. Le Lieutenant-Colonel Fix se rend Hargicourt, village situé sur la rivière des Trois-Doms, à peu près à son confluent avec l'Avre, et y installe son poste de commandement. Il est accompagné du chef d'Escadrons De Pothuau, des Capitaines Rheinart et Thiéblin et du Lieutenant mitrailleur Gallet. Le 2e Escadron (Capitaine de Charon, Lieutenants de Baillon, Durnerin, Balland et Massué) débarque à 12 h. ; le 3e (Capitaine du Couedic du Cosquer, Lieutenants Noirot, de Chaussepierre, de Waubert de Genlis, Sous-Lieutenant Leclerc) à 15 h. ; le 1er (Capitaine de Lafond, Lieutenants de Clercq et de Ferron) à 18 h.

Ces trois Escadrons reçoivent aussi en débarquant l'ordre de cantonner à Contoire, mais ils sont arrêtés en route et bivouaquent dans les bois situés au Nord-Ouest d'Hargicourt où se trouvent déjà les chevaux du 4ᵉ Escadron.

La nuit est complètement tombée et la situation est trop confuse pour qu'ils puissent être engagés avant le jour. Cependant le 2ᵉ Escadron reçoit l'ordre d'occuper Pierrepont sur la rive droite du ruisseau des Trois-Doms. Il s'y installe diminué du peloton Massué désigné camme escorte du Général de Division. Le Lieutenant de Clercq, du 1ᵉʳ Escadron est également détaché à la Division où il remplira différentes missions de reconnaissance et de liaison.

Le commandement n'est pas fixé sur le sort de Montdidier ; le bruit court que l'ennemi s'en est emparé. Aussi le Lieutenant de Waubert (3ᵉ Escadron) avec un demi peloton à pied est-il chargé de se poster et de patrouiller sur la route Hargicourt-Montdidier par la rive gauche du ruisseau des Trois-Doms. Le Lieutenant de Baillon doit exécuter à cheval avec quatre cavaliers une reconnaissance par la rive droite. Il reçoit donc la double mission :

1º D'essayer d'aller à Montdidier par la grande route Pierrepont-Montdidier.

2° De reconnaître les troupes placées en avant d'Hargicourt et de savoir jusqu'où va la gauche de la 56e Division entre la Cambuse, Boussicourt et Contoire où l'Escadron de Saint-Vénant a reçu l'ordre de se rendre.

Il part avec le Maréchal-des-Logis Martel, le Brigadier Girard, les Cavaliers Marcoup et Cassegrain. Il est environ 22 h. Jusqu'à la Cambuse, rien de nouveau. A cet endroit un poste du 350e d'Infanterie commandé par un Sergent arrête la patrouille. Il ne sait pas où est son Bataillon et n'a pas d'ordres. Il croit que les Allemands sont sur la route de Montdidier à deux cents mètres de là et qu'il y a des Chasseurs à Pied du côté de Gratibus. Avant de pousser plus loin, le Lieutenant de Baillon décide de vérifier l'exactitude de ce dernier renseignement et se dirige vers Gratibus. Il rencontre successivement les caissons de mitrailleuses d'un Bataillon du 132e qui se trouve, paraît-il, à Boussicourt, des travailleurs du 294e qui creusent des tranchées, deux sections du 350e à la recherche de leur Bataillon, un poste de secours du 49e Bataillon de Chasseurs. C'est un mélange sans direction, sans cohésion, sans liaison.

Il arrive enfin au poste de commandement

du 49ᵉ Bataillon de Chasseurs. Là, il peut avoir un renseignement sérieux : on dit que Mont-didier est pris, ça n'est pas sûr, mais des patrouilles ennemies circulent sur la grande route. Le 49ᵉ et le 35ᵉ Bataillon de Chasseurs ont reçu et exécutent l'ordre de passer sur la rive gauche du ruisseau des Trois-Doms où ils installeront une ligne de défense. Le lieute-nant de Baillon envoie aussitôt le Maréchal-des-Logis Martel porter ce renseignement au Lieutenant-Colonel Fix et essaie de continuer sur Montdidier, mais il est accueilli par une vive fusillade et ne peut dépasser la Cambuse. Il passe alors à la deuxième partie de sa mis-sion et se dirige vers Boussicourt. Des Anglais (pas beaucoup) l'arrêtent, puis il trouve des mitrailleuses du 132ᵉ qui font un vacarme d'en-fer ; les Allemands postés, paraît-il, à cent cin-quante mètres de là répondent énergiquement et la patrouille doit mettre pied à terre pour s'a-briter derrière une petite butte. Il trouve enfin le Chef de Bataillon du 132ᵉ (Commandant Dautand) qui a sa gauche à Contoire, occupe Boussicourt et la route Boussicourt-La Cam-buse. Une cinquantaine d'Anglais errants ont été ramassés et incorporés au bataillon. Le Lieutenant de Baillon retourne à Hargicourt,

rend compte de sa mission au Lieutenant-
Colonel Fix, fait son rapport pour le Général
de Division et rejoint son Escadron à Pierrepont. Il est environ 3 h. du matin.

# JOURNÉE DU 28

Cependant le Commandement est toujours sans nouvelles de ce qui se passe du côté de Montdidier puisque la reconnaissance de Baillon n'a pu passer. Aussi le 28 à 2 h. le Capitaine du Couedic (3<sup>e</sup> Escadron ) reçoit l'ordre de faire avec son Escadron une reconnaissance dans la direction de Montdidier et de surveiller les sorties Ouest et Nord-Ouest de la ville. Il devra se trouver à Fontaine-sous-Montdidier au lever du jour. Il enverra de plus un Sous-Officier exécuter à la gare de Breteuil-Embranchement un sondage téléphonique sur Amiens et Saint-Just-en-Chaussée.

A 4 h. l'Escadron part après avoir rallié la patrouille de Waubert. Le Capitaine du Couedic a donné les ordres suivants :

Le peloton Leclerc fera l'avant-garde de l'Escadron par l'itinéraire Aubvilliers, Malpart,

Cantigy, Fontaine-sous-Montdidier : il installera ses postes de façon à surveiller les directions Montdidier-Courtemanche et Montdidier-Fontaine.

Le peloton de Chaussepierre enverra une forte patrouille (Maréchal-des-Logis Parmain) pour surveiller la direction Montdidier-Mesnil-Saint-Georges.

Le peloton de Waubert fournira une patrouille commandée par le Maréchal-des-Logis Guyard chargé d'exécuter le sondage téléphonique à la gare de Breteuil et un poste de correspondance à Malpart sous les ordres du Maréchal-des-Logis Larosa.

Le peloton Noirot et le reste du peloton de Chaussepierre serviront de soutien à ces diverses reconnaissances.

A 6 h l'Escadron a atteint ses emplacements. Quelques troupes d'Infanterie très clairsemées sont en position à l'Est de Fontaine-sous-Montdidier et à Mesnil-Saint-Georges, mais doivent se replier devant des forts détachements ennemis qui viennent de Montdidier. Les patrouilles de Cuirassiers suivent ce repli sans perdre le contact. Peu à peu des renforts arrivent qui permettent d'établir une ligne à peu près continue du bois de l'Alval à la ferme de Belle-

Assise par la lisière Est de Cantigny. La mission de reconnaissance de l'Escadron est terminée. Plusieurs renseignements ont été envoyés qui ont permis au Commandement d'avoir une vision plus nette de la situation. Le peloton Leclerc est mis alors à la disposition de l'Infanterie au bois de l'Alval pour assurer la liaison avec Marestmontiers. La patrouille du Maréchal-des-Logis Parmain, remplacée dans le milieu du jour par une autre commandée par le Maréchal-des-Logis Humblot, reste avec l'Infanterie au sud de Cantigny et patrouille en avant d'elle tout en assurant la liaison avec le reste de l'Escadron installé au bois des Glands. Un homme du 49ᵉ Bataillon de Chasseurs vient demander le Lieutenant Noirot de la part du Sous-Lieutenant Poulaine ancien Brigadier à l'Escadron. C'est le Bataillon rencontré la nuit précédente par la patrouille de Baillon. Les hommes sont tellement fatigués qu'ils s'endorment en creusant leurs trous. Ils marchent et se battent depuis trois jours sans repos et presque sans ravitaillement. Aussi ont-ils eu des pertes sévères, mais ils ont eu la satisfaction de faire des hécatombes de Boches. Malgré leur éreintement ils reprendront Fontaine-sous-Montdidier deux jours plus tard.

La journée se termine sans incident. Quelques obus tombent sur la crête du Sud de Cantigny. Le Cavalier Arnoult en patrouille devant l'Infanterie est très légèrement atteint. Le cuisinier des Officiers, Aubertin, a failli être pris au château de Fontaine où il préparait un repas. Il n'a eu que le temps de sauter sur sa bicyclette pour se sauver sans oublier la marmite où cuisait le déjeuner.

A 19 h. le Capitaine du Couedic reçoit l'ordre de conduire ses chevaux dans le bois de Mongival à 1 kilomètre 800 à l'Ouest d'Aubvillers et de se rendre à Hargicourt avec ses combattants à pied. Il pleut, la nuit est noire et le bois difficile à trouver. Enfin, les chevaux installés au bivouac, l'Escadron se met en route pour Hargicourt où il arrive vers minuit. Les hommes s'installent dans les baraques d'un hôpital abandonné.

Pendant que le 3e Escadron exécute sa reconnaissance, les autres ne restent pas inactifs. La première partie de la journée est calme. Le 4e Escadron à Contoire, le 2e à Pierrepont, le 1er à Hargicourt, en profitent pour améliorer leur position et se restaurer sérieusement.

A 9 h. des obus français tombent sur Contoire, le Lieutenant de Saint-Venant prévient qu'il est toujours là et voit venir successivement un officier d'Etat-Major révolver au poing et un Sous-Lieutenant d'Artillerie qui vient se mettre en liaison avec lui. Heureusement le bombardement qui a duré environ une demi-heure n'a fait de mal à personne. Les artilleurs croyaient Contoire occupé par l'ennemi.

Le Lieutenant de Saint-Venant a placé le peloton Bouchelet sur la route de Davenescourt de façon à barrer la vallée de l'Avre, le peloton Mandonnet et la section de mitrailleuses Gallet sur la route Contoire-Hangest-en-Santerre de façon à battre le plateau et a gardé en réserve le peloton de Rochetaillée.

Entre 10 et 11 h. les 105 Allemands battent le plateau, sans résultat d'ailleurs. A 13 h. le Lieutenant d'Hautecloque du 28e Dragons amène à Contoire un Officier de Chasseurs à porteur de l'ordre suivant :

« Le Capitaine Commandant l'Escadron du 6e Cuirassiers occupant Contoire se placera sous les ordres du Commandant W. du 32e Bataillon de Chasseurs à Pied dont le P. C. est à la sortie du village de Plessiers sur la route de Davenescourt.

« L'ennemi semble vouloir attaquer entre Contoire et Hangest. Je place sur la croupe au Nord de Contoire, à cheval sur le chemin Contoire-Plessiers, un peloton de Dragons, avec une section de mitrailleuses et deux sections de mon Bataillon chargées de vous servir de repli au cas où vous seriez obligé de vous replier devant des forces très supérieures. Direction générale du repli : Contoire-Plessiers. Des éléments du 321ᵉ Régiment d'Infanterie sont à cheval sur la route Plessiers-Devenescourt. Envoyez-moi tous les renseignements que vous aurez par l'intermédiaire des fractions placées derrière vous. Mon P. C. est en ce moment à la sortie de Plessiers, sur la route Plessiers-Davenescourt.

A 13 h, 30 un agent de liaison du peloton Mandonnet prévient le Lieutenant de Saint-Venant que les Allemands sortent du parc de Davenescourt en colonnes d'attaque. Il se porte à son poste de combat à la sortie Nord-Est de Contoire. Les mitrailleuses commencent à tirer, toute la ligne s'allume. Les Allemands continuent à avancer sur le plateau mais leur mouvement se ralentit. Sur la route de la vallée une colonne est prise sous le feu des fusils-mitrailleurs et s'arrête. A 14 h. la section de mitrailleuses qui a épuisé ses munitions et ne trouve plus son caisson est obligée de se replier vers le bois situé au Nord-Ouest du village. Menacé d'être tourné par sa gauche, le Lieutenant de Saint-Venant se retire sur ce même bois. Il y arrive sans encombre malgré le tir violent de l'ennemi et s'y installe. Le peloton Bouchelet flanqué des mitrailleuses qui ont retrouvé leur caisson de munitions commande la route du fond, le peloton Mandonnet bat le plateau et le peloton de Rochetaillee plus au Nord assurera la liaison avec les Chasseurs à Pied. Mais, malgré les patrouilles envoyées à leur recherche, ceux-ci sont introuvables. Cependant l'ennemi avance, bien qu'il subisse de fortes pertes. Il n'est plus qu'à cinq cents mètres. Son tir devient précis, l'Adjudant Mailloud de la section de mitrailleuses est blessé, le Brigadier Roger est tué, le Brigadier Perette et quatre hommes sont blessés. Et toujours pas de liaison vers le Nord ; les munitions s'épuisent, l'ennemi commence à déborder le flanc gauche de l'Escadron et à s'infiltrer dans le bois. Le Lieutenant de Saint-Venant donne l'ordre de se replier à travers bois pour essayer de retrouver les Chasseurs à Pied. Il en rencontre quelques éléments désemparés : ils ont été bousculés et dispersés. Il continue sa marche vers Plessiers, mais à la sortie du bois il tombe sur le flanc d'une Compagnie allemande. L'Escadron ouvre le feu sur elle à quatre cents mètres et y met le désordre ; mais les dernières cartouches sont brûlées, la route de Plessiers est coupée ; l'Escadron se retire sur Braches où il arrive à 17 h. Le Lieutenant de Saint-Venant y trouve le Général Lavigne-Delville commandant la Division et lui rend compte des évènements. A 18 h. il rejoint le reste du Régiment à Hargicourt.

Au moment où l'attaque se déclenche sur Contoire, le Lieutenant de Baillon faisant une ronde aux avant-postes du 2e Escadron installé à Pierrepont, voit les Allemands s'avancer sur la crête au Nord de la route Davenescourt-Contoire. Il fait prévenir immédiatement le Capitaine de Charon puis, accompagné du Lieutenant Balland, il va prendre les instructions du Commandant Dautand du 132e d'infanterie qu'il avait vu la veille vers Boussicourt et dont les sections viennent occuper l'usine Saint-Riquier et le moulin à l'est de Pierrepont. Les mitrailleuses allemandes font un feu d'enfer auquel répondent celles du 132e. Puis. le Chef de Bataillon fait occuper par une section les carrières situées au Nord-Est du Hamel, hameau de Pierrepont. Le 2e Escadron qui avait d'abord reçu l'ordre de passer sur la rive gauche du ruisseau des Trois-Doms, revient avec la section de mitrailleuses Durand et renforce la gauche de l'Infanterie face à l'Est, les pelotons de Baillon et Balland sur les deux routes du Hamel à Contoire, la section de mitrailleuses Durand intercalée entre les deux, le peloton Aubry au Nord de la section des carrières. Après un moment de calme l'ennemi commence à descendre du plateau dans Contoire puis à sortir du village. Les mitrailleuses et les fusils-mitrailleurs ouvrent le feu, puis des salves de 75 tombent sur Contoire et les crêtes avoisinantes. L'ennemi recule, rentre dans le village et, poursuivi par les obus, en sort de nouveau vers l'Est et vers le Nord Une batterie allemande riposte, mais elle est prise sous le feu de nos 155 et se tait. Il est à peu près 18 h. On n'entend plus rien ; la nuit tombe. Des postes sont placés pour la nuit sur les routes Le Hamel-Contoire, les liaisons sont établies et des patrouilles circulent en avant de la ligne. Des patrouilles allemandes s'avancent aussi et échangent des coups de fusil avec les postes ; le Maréchal-des-Logis Peilot est blessé et le Lieutenant Balland reçoit une .balle dans la semelle de sa chaussure. La nuit se passe calme, mais à plusieurs reprises le Capitaine Rheinart, adjoint au Lieutenant-Colonel Fix, envoie l'ordre de rechercher la liaison vers le Nord. Les patrouilles envoyées dans cette direction ne trouvent rien. Le Lieutenant de Baillon demande au Capitaine de Charon l'autorisation d'aller demander des renseignements au Lieutenant-Colonel Fix. Il apprend alors que l'ennemi occupe La Neuville-Sire-Bernard et que rien ne l'empêche de venir prendre par derrière en suivant l'Avre la gauche des défenseurs de Pierrepont. Le Capitaine de Charon donne l'ordre au peloton Aubry de s'établir face au Nord à la sortie du Hamel. Des patrouilles allemandes viennent encore tâter le terrain. Un fusil-mitrailleur ouvre le feu et, après une courte riposte, l'ennemi se retire. Mais vers 2 h. du matin le Lieutenant de Baillon apprend que la section du 132ᵉ établie dans les carrières au Nord du Hamel a disparu et que l'ennemi occupe la lisière du bois à cent mètres de là. D'autre part la section de mitrailleuses Durand a été rappelée sur la rive gauche au début de la nuit. Heureusement la section du 132ᵉ est retrouvée et se place un peu en arrière de son ancienne position. Puis la nuit s'achève sans incident.

# JOURNÉE DU 29

Au jour la situation des défensseurs de Pierrepont s'améliore. La pluie qui tombe sans arrêt depuis la veille s'arrête ; sur la demande du Capitaine de Charon, le Lieutenant-Colonel Fix envoie, pour renforcer le 2e Escadron, deux pelotons du 3e commandés par le Lieutenant Noirot auquel est adjoint l'Aspirant Lallier. Ces deux pelotons remplacent à la sortie Nord du Hamel le peloton Aubry. Puis la section de mitrailleuses Durand revient et s'installe à la lisière Nord-Est du village de façon à pouvoir tirer dans les deux directions [1].

---

1. Quelques instants auparavant une patrouille ennemie s'étant approchée de Pierrepont avait pris la fuite,

A 9 h. le Brigadier Moreau, en petit poste
des pelotons Noirot sur la route de la Neuville-
Sire-Bernard, fait prévenir qu'une troupe allemande s'avance sur Le Hamel en profitant des
fossés de la route et de baraques situées à
l'Ouest pour se mettre à couvert. Les pelotons et
la section de mitrailleuses s'apprêtent à la recevoir, mais un tir très précis de 75 les dispense
de ce soin et l'ennemi se retire. Le feu de l'Artillerie continue encore quelques instants arro-
sant copieusement le bois situé au Nord-Est du
Hamel, la route de la Neuville-Sire-Bernard et
ses abords. Les petits postes sont obligés de
rentrer pour ne pas être démolis. Puis le calme
renait. Il fait beau, les hommes peuvent faire
sécher leurs effets. De nombreux cuisiniers
s'improvisent ; les poulets et les lapins en
voient de dures ; les caves encore bien garnies
sont largement utilisées, mais sans excès, les
Cuirassiers, gens calmes et raisonnables, tiennent le coup.

Des Officiers du 294ᵉ d'Infanterie dont un
Bataillon doit relever le 6ᵉ Cuirassiers viennent

---

abandonnant son Chef, un Officier ; celui-ci, blessé mor-
tellement, avait été transporté râlant au P. C. du Lieutenant-Colonel Fix où il expira sans qu'on put l'interro-
ger.

reconnaître Pierrepont. Ils sont enchantés de le trouver occupé, car on leur avait dit que les Allemands s'en étaient emparé.

A 15 h. le Maréchal-des-Logis Copitet demande au Lieutenant Noirot l'autorisation d'aller reconnaître un pâté de maisons situé au fond de la vallée au Nord du Hamel où des éléments ennemis ont été vus le matin. Il part avec le Brigadier Dutilleux et quatre hommes : Broyard, Nogret, Lallemand et Cheval. Quelques avions allemands survolent le village.

Vers 17 h. le fusilier-mitrailleur Bottelin, de faction à la sortie du Hamel, fait remarquer au Lieutenant Noirot des soldats français, traversant à toutes jambes la crête de l'Est de Bouillancourt et se dirigeant vers le village. Peu de temps après des rafales de 75 s'abattent sur Pierrepont, spécialement sur la lisière Est occupée par le 2ᵉ Escadron. Le Capitaine De Charon envoie des estafettes prévenir l'Artillerie que ce n'est pas lui qui a f...... le camp et au bout de quelque temps le tir s'arrête. Malheureusement il y a des blessés dont un très grièvement : le Maréchal-des-Logis Texier a un bras déchiqueté et un éclas d'obus dans le ventre, le Brigadier Girard à un éclat d'obus dans le bras droit, le fusilier-mitrailleur Berthollet a une jambe fracassée et le Cavalier Champian est touché à l'épaule.

A 18 h. 30 le Maréchal-des-Logis Copitet rentre avec sa patrouille. Il rend compte de sa mission au Lieutenant Noirot : « N'ayant rien trouvé dans le pâté de maisons en question, il a poussé vers la Neuville-Sire-Bernard qu'il a trouvé occupé par l'ennemi ; il s'est dirigé alors vers l'Est et en arrivant sur la hauteur qui domine Braches, il a vu de nombreuses colonnes ennemies se diriger vers ce village dont l'attaque était commencée ; il a ouvert le feu sur une de ces colonnes forte d'environ deux sections et y a jeté le désarroi ; puis il est rentré poursuivi par des feux de mitrailleuses. » Au moment où le Lieutenant Noirot va porter ces intéressants renseignements au Capitaine de Charon, celui-ci vient au-devant de lui et lui annonce qu'il a reçu l'ordre de se replier après avoir couvert la retraite du Bataillon qui se trouve à sa droite. Des barricades sont hâtivement construites, la nuit tombe, des mitrailleuses commencent à tirer ; puis, le Bataillon étant passé, tout le monde se rend à Hargicourt. Le pont saute derrière les derniers éléments. Le 6ᵉ Cuirassiers doit être relevé par un Bataillon du 294ᵉ d'Infanterie et les Escadrons ont déjà envoyé leurs fourriers préparer le cantonnement à Sauvilliers.

Quelle est dont la raison de cette brusque évacuation de Pierrepont ? C'est qu'il s'est passé à la droite du Régiment de graves évènements.

Vers midi, le Lieutenant-Colonel Fix, inquiet à juste titre pour sa droite, avait donné au Capitaine De Lafond l'ordre de s'établir à la sortie Sud d'Hargicourt en crochet défensif et de se mettre en liaison avec le Bataillon du 350e d'Infanterie qui occupait Bouillancourt. Cet ordre avait été exécuté facilement et le contact pris avec l'Officier adjoint au Chef de Bataillon de Bouillancourt. Il avait été convenu qu'en cas de retraite de ce Bataillon ou du 1e Escadron, obligeant une de ces troupes à abandonner laligne du ruisseau des Trois-Doms, le repli s'opérerait sur le bois Bouillancourt dont l'accès devait être à tout prix interdit à l'ennemi pour empêcher que la ligne du ruisseau ne fut complètement tournée. Or vers 18 h. l'ennemi avait fait brusquement irruption dans Bouillancourt dont la défense avait été complètement submergée (voilà l'explication des hommes qui couraient sur la crête et du tir de 75 qui s'est abattu sur Pierrepont peu après). Des groupes ennemis qui cherchaient à progresser vers Hargicourt avaient bien été arrêtés par le feu d'un poste avec fusil-mitrailleur du 1e Escadron établi par précaution à la corne Est du bois de Bouillancourt antérieurement à la retraite du Bataillon du 350e, mais l'accès du bois lui-même n'avait pu être interdit à l'ennemi, le Bataillon ayant négligé de l'occuper malgré le plan préalablement arrêté en cas de repli, et l'ennemi avait commencé à s'y infiltrer. Le 1er Escadron renforcé du groupe du Lieutenant Marteau du 294e composé des campements du Bataillon de ce Régiment qui devait relever le 6e Cuirassiers et des éléments disponibles du 4e Escadron, avait donc pris position à contre pente sur la croupe Sud d'Hargicourt avec un flanc défensif face au bois.

Le Lieutenant-Colonel Fix convoque alors à son poste de Commandement tous les Officiers disponibles y compris le Capitaine Commandant le Bataillon du 294e qui doit relever le 6e et son Adjoint. La situation est grave. Il fait complètement nuit et il pourrait être dangereux de dégarnir tant soit peu la ligne avant le jour. Il est donc décidé que la relève ne se fera que le lendemain ; le 6e occupera la lisière Est d'Hargicourt, le 294e et le Bataillon Dautand du 132e feront face au bois de Bouillancourt. Le Lieutenant-Colonel Fix prend le commandement de tous les éléments présents et donne les ordres suivants :

Le 3ᵉ Escadron (Capitaine Du Couedic) renforcé de la section de mitrailleuses Durand, occupera la voie ferrée du passage à niveau situé près de la station inclus jusqu'au passage à niveau situé à quatre cents mètres plus au Sud inclus ; le 1ᵉʳ Escadron (Capitaine de Lalond) renforcé du 4ᵉ (Lieutenant de Saint-Venant) restera sur la position qu'il occupe au Sud d'Hargicourt conservant sous ses ordres la section Marteau du 294ᵉ ; le 2ᵉ Escadron Capitaine De Charon) restera en réserve.

Une Compagnie de Territoriaux est déjà installée au Nord de la station. Le Lieutenant Noirot est chargé d'assurer la liaison entre elle et les éléments du 6ᵉ placés au passage à niveau Nord.

La première partie de la nuit est calme, sauf au P. C. du Lieutenant-Colonel Fix où la situation est envisagée sous toutes ses faces. Elle n'est certes pas brillante. Les effectifs coopérant à la défense sont faibles ; les hommes fatigués. L'ennemi non seulement domine la position depuis la rive droite du ruisseau mais la prend de flanc et par derrière par le bois de Bouillancourt qu'il occupe au moins en partie ; une patrouille du 132ᵉ a en effet été reçue à coups de fusil, une deuxième patrouille commandée par le Sous-Lieutenant Mandonnet du 4ᵉ Escadron réussit cependant à pénétrer dans le bois, prend contact avec l'ennemi momentanément arrêté à deux ou trois cents mètres sur la route Hargicourt-Bouillancourt et à l'intérieur du bois et entend des roulements de voitures sur la route Bouillancourt-Malpart. On ne sait rien sur ce qui se passe au Nord du côté de Braches. Dans tous les cas, quand le jour paraîtra, la situation sera intenable, surtout pour les éléments placés sur le plateau. L'on se trouve donc en présence de deux solutions : ou bien reporter la ligne à l'Ouest, ou bien contre-attaquer au petit jour et reprendre le bois et le village de Bouillancourt. Un Bataillon de Chasseurs à Pied arrivé à Grivesnes doit, paraît-il, attaquer vers l'Est en direction de Malpart et de Bouillancourt. Il faut donc coordonner les deux actions.

Mais toutes ces délibérations sont interrompues par la fusillade qui retentit du côté de la voie ferrée.

# JOURNÉE DU 30

Le Capitaine du Couedic a disposé son Escadron de la façon suivante :

Le Lieutenant de Chaussepierre avec deux pelotons et la section de mitrailleuses Durand occupe le passage à niveau Nord et la lisière du parc du château, le 4ᵉ peloton (Maréchal-des-Logis Lecrublier) au passage à niveau, la section de mitrailleuses Durand à sa droite, le 3ᵉ peloton (Maréchal-des-Logis Copitet) plus au sud se relie au deuxième passage à niveau avec les deux pelotons du Sous-Lieutenant Leclerc (1ᵉʳ peloton, Maréchal-des-Logis Pissier ; 2ᵉ peloton, Maréchal-des-Logis Koegel) lequel se relie avec l'Escadron de Lafond. Des petits postes ont été placés en avant de la ligne, le long du ruisseau.

A 1 h. du matin le Brigadier Jacquemin,

détaché du 4e peloton, se replie en tiraillant avec l'ennemi qui s'avance après avoir passé le ruisseau sur des passerelles qui n'ont pas été détruites. Puis toute la ligne s'allume et le combat devient sérieux. L'ennemi attaque, d'après un prisonnier fait quelques instants après, avec deux groupes d'assaut de trois cents hommes chacun, armés de nombreuses mitrailleuses et appuyés par des minenwerfer. Mais les Cuirassiers malgré leur petit nombre ne veulent pas céder.

Pendant la première partie du combat le 3e Escadron et la section de mitrailleuses Durand soutiennent seuls le choc, car l'attaque se fait entre les deux passages à niveau. Les mitrailleuses, les fusils-mitrailleurs et les mousquetons font un vacarme d'enfer. Au passage à niveau Nord, dans la maison du garde-barrière, le fusilier Doyen est obligé de démonter son arme qui s'est enrayée dès le début. Il en pleure de rage. Heureusement l'équipe Bottelin placée sur le bord de la route tire sans arrêt grâce au calme et à l'habileté du pourvoyeur Chauvet.

Le Lieutenant Noirot vient faire part au Capitaine Du Couedic de ses craintes au sujet de la station qui n'est pas occupée ; entre l'Escadron et les Territoriaux il y a un trou de plus de

deux cents mètres et un train de matériel abandonné pourrait permettre aux Allemands d'a-
vancer à l'abri et de pénétrer dans le village. Le
Lieutenant-Colonel Fix envoie le 2ᵉ Escadron
et le peloton Bouchelet du 4ᵉ pour boucher ce
trou où l'ennemi ne paraît d'ailleurs pas.

Cependant tout va bien. Doyen a remonté
son fusil et, bien qu'il ne puisse plus le servir
car il a tout de suite été blessé au bras droit,
il reste là dans la crainte que son remplaçant
Baudat ne puisse parer à un nouvel enrayage
possible. Le grenadier V. B. Chaussat a trouvé
deux caisses d'obus dans la maison du garde-
barrière, il s'installe froidement sur le milieu
de la route et envoie ses projectiles dans les
directions où le combat semble le plus acharné.
Heureusement l'ennemi tire un peu haut et le
Capitaine Rheinart a fait apporter au P. C.
dix-huit mille cartouches qui, distribuées sur
toute la ligne par l'Adjudant Collin et le Chef
Bigolet, permettent de lui répondre abondam-
ment. Le fourrier Pointard fait prisonnier un
Allemand qui a réussi à traverser la voie ferrée,
seul obstacle qui sépare les combattants. Un
homme est blessé. Tout le monde, y compris
l'ennemi, fait preuve d'un cran et d'une téna-
cité admirables.

Mais la situation se corse. L'adjudant Collin vient trouver le Capitaine du Couedic et lui rend compte que le Lieutenant de Chaussepierre est blessé mais conserve son commandement. De plus les deux mitrailleuses de la section Durand se sont enrayées et il a fallu les reporter à l'intérieur du parc pour les réparer. Cela fait donc un gros trou entre les deux pelotons de Chaussepierre, et, si des renforts ne sont pas immédiatement envoyés, l'ennemi, constatant la diminution de l'intensité du feu, va en profiter pour donner l'assaut et pénétrer dans la position. « Il faut tenir jusqu'au dernier homme » répond le Capitaine. Il n'a plus un homme disponible. Les agents de liaison s'élancent dans toutes les directions, les uns au P. C. du Lieutenant-Colonel Fix, les autres à la station où les Lieutenants de Baillon et Bouchelet donnent les éléments dont ils disposent.

Mais tout cela demande un certain temps et l'ennemi a bien le temps de passer. Le Lieutenant de Chaussepierre se promène alors entre ses deux pelotons suivi de son ordonnance Martinand ; son révolver dans la main gauche, car son bras droit est immobilisé par sa blessure, il tire à bout portant sur les Allemands qui tentent de passer la voie et dont il voit les ombres se profiler. Il leur donne ainsi l'illusion que la ligne est tenue tout le long. L'ennemi hésite. Cela donne le temps aux petits éléments envoyés en renforts d'arriver ; puis les mitrailleuses réparées et renforcées de la section Gallet reprennent leur place. La situation est sauvée.

Pendant ce temps, au deuxième passage à niveau, les deux pelotons du Sous-Lieutenant Leclerc ont aussi leurs émotions. Deux fusils-mitrailleurs se sont cassés et, pendant qu'avec un sang-froid imperturbable les équipiers les démontent pour en refaire un avec les deux, les Allemands s'avancent en hurlant pour donner l'assaut. Tous les hommes se lèvent baïonnette au canon et, tout en tirant, hurlent plus fort que l'ennemi qui recule sauf un homme tué sur la voie. A ce moment le peloton de Ferron du 1er Escadron vient renforcer le Sous-Lieutenant Leclerc [1]. Le Lieutenant de Ferron a son casque traversé par une balle qui tue un

---

1. Le Capitaine de Lafond en entendant l'attaque se déclencher a, de sa propre initiative, porté son Escadron à la droite du 3e et occupé la voie ferrée jusqu'au pont de chemin de fer sur le ruisseau des Trois Doms à environ un kilomètre plus au Sud, laissant à la seule section Marteau le soin de protéger le flanc droit.

homme placé derrière lui. Puis le combat continue toujours aussi violent, mais sans nouveaux incidents graves. Heureusement les munitions ne manquent pas [1]. Le Lieutenant Jeannerod de l'Etat-Major de la Division en apporte des quantités au P. C. et les armes automatiques tirent sans arrêt ; certains fusils-mitrailleurs auront tiré plus de trois mille cartouches.

Au petit jour, l'ennemi voyant qu'il ne peut pas passer se retire et le combat cesse. Les blessés vont se faire panser, les unités se regroupent. Les Lieutenants Noirot et de Waubert remplacent respectivement les Lieutenants de Chaussepierre et Leclerc sur la voie ferrée. Le 294ᵉ commence à relever le 6ᵉ Cuirassiers. Le Lieutenant-Colonel Fix appelé par le Colonel Berton du

---

1. Elles ont cependant failli manquer à plusieurs reprises. Au début du combat d'abord où le Capitaine du Couedic fit ramasser par l'Adjudant Collin et le Chef Bigolet tout ce qu'ils purent trouver dans l'hôpital abandonné. Plus tard, avant l'arrivée des munitions apportées par le Lieutenant Jeannerod, Le Lieutenant de Chaussepierre était venu en réclamer au Capitaine, car il n'en avait presque plus. Celui-ci qui n'en avait aucune en réserve lui répondit : « Quand nous n'aurons plus de munitions nous mettrons baïonnette au canon, mais nous n'abandonnerons jamais la ligne ». A la fin du combat il ne restait plus de munitions.

294<sup>e</sup> Commandant le secteur dont le P. C. est à Aubvillers [1] laisse au Commandant de Pothuau le soin de présider à cette opération. Le Régiment doit se rassembler à Mailly-Raineval.

Le 2<sup>e</sup> Escadron et deux pelotons du 4<sup>e</sup> (Bouchelet et Rochetaillée) partent les premiers par petits paquets. Leur mouvement s'effectue sans encombre jusqu'au ravin situé entre Aubvillers et la ferme Filescamps. Arrivés là ils s'arrêtent un moment. Le Lieutenant de Baillon regarde à la jumelle vers le Nord. Il voit des coups de feu partir de la lisière des bois situés au Nord-Est de Sauvilliers, des lignes de tirailleurs dévalent les pentes. L'ennemi est donc passé aussi à Braches. Que vont devenir les éléments restés à Hargicourt ? Mais des obus commencent à tomber dans le ravin. L'Escadron reprend sa route vers Aubvillers. A leur passage dans ce village le Colonel Berton, chargé de la défense du Secteur, demande aux Cuirassiers de s'arrêter pour boucher un trou dans sa ligne et de

---

1. A son passage à Aubvillers il va au poste de secours voir les blessés du Régiment. Il demande et obtient par téléphone l'autorisation d'en médailler deux qui sont mourants dont le Maréchal-des-Logis Texier du 2<sup>e</sup> Escadron.

s'établir au fond du ravin qui sépare Aubvillers defendu par le 26e Bataillon de Chasseurs à Pied et Sauvillers défendu par un Bataillon d'Infanterie. Le 2e Escadron et les deux pelotons du 4e s'établissent sur le chemin de terre qui coupe le coude de la route Aubvillers-Sauvillers. Le P. C. du Colonel Berton (294e d'Infanterie) est à la lisière Ouest du bois des Arrachis. Les obus commençent à tomber, heureusement le sol détrempé par la pluie rend les éclatements moins dangereux. De nombreux avions ennemis survolent très bas la position. Des blessés des autres Escadrons passent à la recherche d'un poste de secours. Le cycliste du 4e Escadron, Drouaillet, arrive : il a été fait prisonnier et emmené par deux Allemands, un obus de 75 qui a tué l'un et épouvanté l'autre l'a délivré. Puis le Commandant de Pothuau revient à son tour d'Hargicourt après avoir donné aux derniers éléments du 6e l'ordre d'évacuer le village.

Le Lieutenant de Saint-Venant reçoit cet ordre à 7 h., il doit gagner Mailly-Raineval. Il part avec environ un peloton, deux étant partis avec le 2e Escadron et le peloton Mandonnnet non relevé étant resté à la voie ferrée avec le 1er Escadron. Comme le bois de Bouillancourt est occupé depuis la veille par l'ennemi et qu'il fait grand jour, l'itinéraire indiqué est le bois situé au Nord-Ouest d'Hargicourt. Quelques obus commencent à y tomber, puis vers 7 h. 30 le bombardement devient intense, de plus des balles arrivent du Nord. Les hommes se dispersent tout en conservant la direction donnée. Le Lieutenant de Saint-Venant est renversé par le souffle d'un obus, mais sans mal. Il quitte le bois et se dirige par le terrain découvert vers la ferme Filescamps où il peut rallier un douzaine d'hommes. Puis il arrive à Aubvillers où un Chef de Bataillon de Chasseurs à Pied lui demande de s'arrêter pour essayer de rallier les troupes qui se replient en désordre et constituer un noyau de résistance. Les quelques hommes du 4ᵉ Escadron s'établissent dans des trous de tirailleurs entre Aubvillers et la ferme Fourchon. Il sont rejoints au bout de quelque temps par une fraction du 3ᵉ Escadron avec les Lieutenants Noirot et Leclerc.

Cet escadron relevé en partie par des éléments du 294ᵉ est encore en position sur la voie ferrée quand, vers 7 h., le bombardement commence ; il devient rapidement très intense. A 7 h. 30, le Capitaine du Couedic qui a reçu l'ordre de se replier sur Mailly-Raineval envoie

le cycliste Jadot porter cet ordre au Lieutenant
Noirot au passage à niveau Nord en donnant
comme point de ralliement le bois situé au
Nord-Ouest d'Hargicourt. Le 4e peloton s'y
rend par petits paquets car le bombardement
continue de plus belle. L'Aspirant Lallier blessé
à la jambe d'un éclat d'obus ne peut suivre ;
deux Cavaliers, Boubet et Chauvet (il faut le
secouer vigoureusement pour le réveiller car
les obus n'y suffisent pas) le soutiennent et
réussissent à l'emmener. Le Capitaine du Couedic se trouve au point indiqué avec le Sous-
Lieutenant Leclerc. Voyant que les autres éléments de l'Escadron ne rejoignent pas, il décide
de les attendre avec l'Adjudant Collin et donne
aux Lieutenants Noirot et Leclerc l'ordre de partir avec les hommes présents (une douzaine),
car il est inutile de les exposer plus longtemps
au bombardement. Cette petite fraction se met
en route à travers bois pour gagner la ferme
Filescamps. Mais en arrivant au bord de la
clairière située au Nord-Ouest du bois, elle se
trouve nez à nez avec la gauche d'une ligne de
tirailleurs ennemis qui se dirigent vers le Sud-
Ouest. Quelques coups de feu tirés cependant
à bout portant n'atteignent personne. Le Lieutenant Noirot donne au fusilier-mitrailleur Bau-

dat l'ordre de se mettre en position et d'ouvrir le feu. Les Allemands s'aplatissent ; mais il n'y a plus de cartouches et il faut essayer de passer. La petite troupe se glisse à travers bois vers le Sud-Ouest et se dirige sur Aubvillers en évitant la ferme Filescamps. Des avions volant très bas la poursuivent en la mitraillant. A Aubvillers un Capitaine du 26e Bataillon de Chasseurs demande au Lieutenant Noirot de s'arrêter pour regrouper les éléments qui refluent en désordre et l'aider à organiser la résistance. Celui-ci joint sa troupe à celle du Lieutenant de Saint-Venant, et, petit à petit, la ligne se garnit de gens auxquels il manquait simplement une direction. Deux Capitaines du 294e s'installent dans un trou voisin. Une ligne continue s'établit entre Aubvilliers et la ferme Fourchon où se trouve le poste de Commandement du Bataillon et un dépôt de munitions qui permet de se ravitailler. Le Lieutenant Noirot envoie au Lieutenant-Colonel Fix le Cavalier Renaud chargé de lui rendre compte des évènements qui l'empêchent de rejoindre. Pendant ce temps les deux pelotons du Lieutenant de Waubert très éprouvés par le bombardement (Maréchal-des-Logis Koegel tué, Lieutenant de Waubert grièvement blessé, plusieurs hommes atteints) se mettent en route pour rejoindre le Régiment. Le Maréchal-des-Logis Pissier les ramène par la route directe Hargicourt-Aubvillers. Bombardés et mitraillés de tous côtés ils éprouvent des pertes sérieuses : Brigadier Noyer tué, Brigadier Thuillier et Richez, Cavaliers Chauzat, Vigier, Harichaux, Chapaud blessés. Les hommes s'éparpillent, plusieurs perdent la direction et seront faits prisonniers ; le Brigadier Péchat tombe dans un trou d'obus sur un Allemand et engage avec lui un combat corps à corps dont il sort victorieux bien que blessé d'un coup de couteau. Les survivants rejoignent le Régiment à Louvrechy.

Il ne reste plus à Hargicourt que le $1^{er}$ Escadron (Capitaine de Lafond qui, de sa propre initiative, s'est constitué arrière-garde du Régiment pour protéger la retraite), la section Marteau du $294^e$, le peloton Mandonnet du $4^e$ Escadron qui, bien qu'il eut reçu l'ordre de se replier, déclare au Capitaine de Lafond qu'il reste sous ses ordres, se jugeant par sa situation trop intimement lié au sort du $1^{er}$ Escadron, un peloton du $3^e$ Escadron (Maréchal-des-Logis Copitet) qui n'a pas reçu l'ordre de repli et qui s'est constitué soutien d'une section de mitrailleuses du $294^e$ remarquablement commandée par l'Aspirant Mesnard. Le Capitaine de Lafond a pris tous ces éléments sous ses ordres.

Après avoir allongé son tir d'Artillerie à 7 h. 45 et ouvert un feu violent de mitrailleuses, l'ennemi reprend l'attaque d'Hargicourt. Mais la riposte des éléments qui s'y trouvent encore est énergique et aucun Allemand ne peut déboucher sur la rive gauche du ruisseau des Trois-Doms.

Vers 8 h. les munitions commencent à s'épuiser, la section de mitrailleuses n'a plus de cartouches. D'autre part le Capitaine de Lafond apprend que l'ennemi occupe le bois situé à un kilomètre Nord-Ouest d'Hargicourt, sachant qu'il occupe depuis longtemps le bois de Bouillancourt, l'état de fatigue des hommes, les pertes (le peloton de Ferron a perdu près de la moitié de son effectif) et le manque de munitions lui font prendre la résolution de se retirer. Il fait replier d'abord la section Marteau et la section de mitrailleuses Mesnard du 294ᵉ puis les pelotons du 6ᵉ Cuirassiers.

L'évacuation d'Hargicourt est terminée à 8 h. 30. Il n'y reste que quelques blessés qu'il est malheureusement impossible d'évacuer. La retraite est très dure ; les derniers défenseurs d'Hargicourt sont presque complètement encerclés. L'itinéraire encore libre (le couloir de cinq cents mètres à peine entre la ferme Filescamps et la route Hargicourt-Aubvillers) est mitraillé du Nord, du Sud, de l'Est, par avions et battu par l'Artillerie. Il faut livrer combat à chaque instant pour s'assurer le passage; le Cavalier Barrier du 1er Escadron se signale dans ces retours offensifs par son ardeur et son dévouement. Mais les pertes sont sévères, quand l'Escadron arrive à sortir de la zône dangereuse il lui manque trente hommes : l'Aspirant de Maulde, les Maréchaux-des-Logis Veslard et Mansuy, le Brigadier Roger, les Cavaliers Pagnon, Longuet, Liaudet, Deslonges tués, douze blessés dont l'Adjudant-Chef Poinot et dix disparus. Le Cavalier Brouillon, après avoir transporté pendant deux kilomètres un de ses camarades blessé, se joint spontanément à une section d'infanterie qui défend la crête d'Aubvillers ; le Maréchal-des-Logis Misset qui a déjà, le 27 mars, avec vingt hommes, attaqué et dispersé une Compagnie allemande, se joint au même endroit à un groupe de Chasseurs à Pied et contre-attaque avec lui. Au peloton Copitet, le Cavalier Cheval a été tué sur la voie ferrée, le Cavalier Prévost, après avoir fait plus de deux kilomètres en portant son camarade Martinand dont un pied a été fracassé par un obus, est lui-même atteint d'une balle dans le ventre. Les survivants rejoignent à 12 h. 30 le bivouac des chevaux à Louvrechy.

Pendant que ces éléments battent péniblement en retraite la ligne reconstituée autour du Bataillon du 171e qui tient Sauvillers, du 26e Bataillon de Chasseurs qui tient Aubvillers et la ferme Fourchon, du 2e Escadron et des autres fractions du 6e Cuirassiers qui se sont arrêtées, subit de nouveaux assauts. Sur la crête entre Aubvillers et la ferme Fourchon où se trouvent les Lieutenants de Saint-Venant, Noirot et Leclerc avec leurs hommes et des éléments du 294e, la situation est mauvaise. Les obus tombent en plein au milieu des trous de tirailleurs et des mitrailleuses dont les balles rasent le terrain tirent sans arrêt. Quiconque lève un peu trop la tête est un homme mort. De nombreux hommes sont tués ou blessés, entre autres les Cavaliers Pelletier et Jadot du 3e Escadron, celui ci a la cheville fracassée et se traine péniblement sur les genoux ; le Lieute nant Noirot donne au Chef Bigolet l'ordre de l'aider à gagner d'abord un endroit abrité puis un poste de secours s'il en existe.

Peu à peu le tir d'artillerie augmente d'inten-

sité ; bien que les pertes augmentent en propor-
tion, chacun s'apprête à recevoir énergiquement
l'assaut de l'ennemi [1], quand, tout à coup, un
barrage soigné de 75 s'abat sur la ligne, tuant
ou blessant un certain nombre d'hommes. Des
agents de liaison sont envoyés en toute hâte à
la ferme Fourchon où doit se trouver le poste
de commandement du Bataillon. Ils n'y trouvent plus personne. Un Capitaine du 294[e]
donne le signal du repli. Tous les éléments
autres que les Cuirassiers (ceux-ci n'ont pas
bronché) s'en vont précipitamment. Les Lieutenants de Saint-Venant et Noirot se voyant
seuls sur la crête avec une dizaine d'hommes,
exposés aux feux convergents et dont l'intensité
redouble des deux Artilleries, décident de se
retirer. Il est 14 h. Les hommes s'égaillent sous
les obus ; plusieurs sont encore touchés. En
arrivant au bas de la pente, près du bois de
Mongival, il reste cinq ou six hommes au Lieutenant de Saint-Venant et deux au Lieutenant

---

1. Cependant à plusieurs reprises un flottement s'était
produit dans des groupes de fantassins qui avaient cru
voir des Cavaliers ennemis. Les Cuirassiers ont dû les ras-
surer en leur expliquant que la Cavalerie était impuissante
contre des hommes terrés dans des trous de tirailleurs. Il
semble néanmoins hors de doute que l'apparition d'une
troupe à cheval eut produit un effet désastreux.

Noirot ; le Sous-Lieutenant Leclerc s'est égaré. Ces rescapés rejoignent le reste du Régiment à Louvrechy vers 18 h.

Le barrage de 75 qui a fait céder cette partie de la ligne force également le Capitaine de Charon à reculer son Escadron jusqu'à ce que le tir s'arrête, puis il reprend sa première place, sauf les pelotons Balland et de Rochetaillée qui sont maintenant à mi-pente sur la route Sauvillers-ferme Fourchon, en liaison avec la Compagnie qui occupait cette ferme et qui a dû l'abandonner pour se reporter sur le chemin de terre au Nord-Ouest. Sauvillers et Aubvillers tiennent toujours. L'ennemi essaie d'aborder ce dernier village par le ravin où se trouve le 2ᵉ Escadron, il est reçu d'importance par la section de mitrailleuses Gallet, les fusils-mitrailleurs et les mousquetons. L'Artillerie prévenue reprend son tir, mais ses obus tombent toujours sur la ligne, spécialement sur Aubvillers. Le téléphone est coupé et il faut envoyer des estafettes dire aux batteries de cesser le feu. Le Colonel Berton inquiet de ce qui peut se passer à Aubvillers envoie le Lieutenant de Baillon à la recherche du Commandant du 26ᵉ Bataillon de Chasseurs. Il est rencontré dans le ravin. furieux de ce qui lui est arrivé : par suite de l'abandon de la ferme Fourchon et de la crête entre cette ferme et Aubvillers, écrasé pour la deuxième fois par les deux Artilleries, il a dû abandonner le village. Il demande aux Cuirassiers du Capitaine de Charon de se reporter à la lisière Est du bois des Arrachis. Le mouvement s'exécute avec difficulté, car l'ennemi mitraille à courte distance du Sud et de l'Est. Plusieurs hommes tombent dont Bourrat qu'il faut abandonner, Cassegrain reçoit une balle dans le main. Enfin le bois est atteint et le tir recommence. Le fusilier-mitrailleur Levet prend sous son feu une mitrailleuse ennemie et la musèle. Pendant ce temps les pelotons Balland et de Rochetaillée prennent part spontanément à la contre-attaque des Chasseurs à Pied qui arrête l'avance ennemie. Puis une Compagnie du 171e relève les Cuirassiers et le Capitaine de Charon ramène son Escadron et les pelotons du 4e à Louvrechy.

Le 31 mars le 6e Cuirassiers va bivouaquer à Oresmaux.

Le 4 Avril les sections de mitrailleuses Gallet et Dollfus sont mises à la disposition de la Division de Cuirassiers à Pied et appuient efficacement ses contre-attaques. Elles rejoignent le Régiment le 7.

*AU COURS DE CES COMBATS*
*LE 6ᵉ CUIRASSIERS A PERDU :*

Trois Officiers (du 3ᵉ Escadron) :

Capitaine DU COUEDIC, *disparu*, Lieutenants DE CHAUSSEPIERRE et DE WAUBERT, *blessés*,

Quatre-vingt-treize hommes :

*Dix-neuf tués*, dont :

Cinq Sous-Officiers : Aspirant DE MAULDE, Maréchaux-des-Logis TEXIER, KŒGEL, MANSUY, VESLARD.

Quatre Brigadiers : MOURIER, NOYER, ROGER, ROGIER.

Dix Cavaliers : BONHOMME, BOURRAT, CHEVAL, DESLONGES, LIAUDET, LE CHENIC, LEMAITRE, LONGUET, PAGNON, RAIMBAULT.

*Cinquante-sept blessés* et *Dix-sept disparus non blessés* *.

---

* Les blessés du 1ᵉʳ Escadron faits prisonniers et évacués par la route Hargicourt-Pierrepont ont déclaré après leur rapatriement que cette route était couverte de cadavres allemands ; les blessés avaient déjà été relevés. Il y a donc lieu d'espérer que les pertes adverses furent beaucoup plus fortes que les nôtres.

Le Régiment est cité à l'Ordre de l'Armée
dans les termes suivants :

« Le 6ᵉ Cuirassiers, pendant quatre jours
de durs combats, du 28 au 31 Mars 1918,
sous les ordres du Lieutenant-Colonel Fix,
a arrêté les violentes attaques d'un ennemi
très supérieur en nombre sur une position
des plus importantes. Débordés de toutes
parts, ayant épuisé leurs vivres et leurs
munitions, ses éléments se sont frayé un
passage, les armes a la main, sous la pro-
tection d'une arrière-garde de braves. »

# DISCOURS

PRONONCÉ PAR

## M. L'ABBÉ MARC

AUMÔNIER DE LA 3<sup>e</sup> BRIGADE DE CUIRASSIERS

*AU SERVICE CÉLÉBRÉ
POUR LES CUIRASSIERS DU 6<sup>me</sup>
MORTS PENDANT LA BATAILLE DE L'AVRE*

---

Mon Général
Messieurs les Officiers
Mes chers Amis

La voici donc enfin venue l'heure où, dans le recueillement et la prière, nous allons évoquer le souvenir de nos frères d'armes tombés dans les derniers combats. Jusqu'à présent nous n'avons pas pu nous assembler autour de leur mémoire, sonder le vide douloureux qu'ils ont laissé dans nos cœurs... Maintenant nous sommes à eux... et l'âme respectueusement penchée sur le purgatoire où ils se purifient encore, nous leur disons avec leurs familles qui les pleurent: « Frères bien-aimés sentez-vous comme notre cœur est devenu la tombe devant laquelle

— 55 —

monte sans cesse l'encens de notre prière mêlé au parfum de notre amour. »

Oui, profond est notre deuil, car ceux que nous avons laissés là-bas, l'autre jour, étaient nos compagnons d'armes. Depuis bientôt quatre ans nous écrivions la même histoire, vivant, souffrant ensemble. Et maintenant ils sont morts... morts brusquement... à côté de nous... dans la splendeur de leur jeunesse... loin des foyers qui ne les reverront plus. Oui, ils sont tombés... et c'est ce qui fait notre douleur. Mais en tombant, ils ont sauvé une situation difficile, préservé la France d'un grand désastre, et c'est ce qui fait passer une lueur de consolation dans l'amertume de nos regrets.

Près de ce catafalque qui a l'air de les contenir tous, devant ces drapeaux inclinés qui symbolisent si bien la France qui pleure ses meilleurs fils, en face de la croix qui représente Dieu qui garde leurs âmes, refaisons ensemble l'histoire des journées mémorables qui les virent mourir ; respirons avidement le parfum de gloire fraîche qui s'élève de leur sacrifice accompli.

L'histoire de ces journées mémorables qui virent leur grand geste, vous la connaissez tous, mes chers amis, car vous l'avez écrite avec eux.

L'Allemand, par la violence de son attaque, avait reculé la ligne des alliés. Dans cette ligne mouvante une fissure était sur le point de se produire et le flot barbare allait passer, séparant les Anglais et les Français. L'heure était grave, la situation critique. Or voici qu'à l'endroit faible, l'ennemi qui pouvait, vu ses forces considérables, s'ouvrir un passage par où

viendrait peut-être la victoire... oui, voici qu'à cet endroit cherché : l'ennemi s'arrête pendant trois jours et perd le bénéfice de son avance. Devant cette brèche presque réalisée où dort pour lui une grande espérance, il est contenu. Contenu, et par qui donc ? Par des milliers de Français sans doute ? Non, non, il n'y a pas là quatre ou cinq mille hommes, ce qu'il faudrait pour sauver une position aussi importante... il y a en tout, ô générations futures qui lirez ce fait d'armes, il y a là trois cents hommes, commandés par un Lieutenant-Colonel, un Commandant, quatre Capitaines et une quinzaine de Lieutenants ; trois cents hommes jetés sans transition d'un pays de lumière et de repos dans le nuit d'une terrible situation. Mais derrière ce fragile rideau humain qui, par lui-même, n'est pas une force suffisante, il y a sans doute de puissantes réserves ? Non il n'y a rien... Si, il y a des villages paisibles qui vont être pillés, incendiés ; plus loin il y a la France anxieuse qui a les yeux fixés sur ses fils. Mais ces hommes placés là en si petit nombre au poste d'honneur pour arrêter des milliers d'Allemands, que vont-ils faire ? Se replier sans doute, c'est logique ? Non, ils vont tenir. Ils vont tenir trois heures peut-être ? Non, pendant trois jours de 24 heures. Ils vont tenir tant que les Allemands seront à distance sans doute ? Mais que ceux-ci avancent, qu'ils viennent tout près des nôtres, le vendredi soir 29, et la petite vague sûrement va se replier ? Se replier ?
Non, nos Cavaliers vont se battre ; se battre avec leurs mitrailleuses bien dirigées, avec leurs fusils-mitrailleurs qui font merveille, se battre avec leurs baïonnettes qui luisent dans la nuit, se battre avec

tout leur cœur, le cœur héroïque de la France. Un combat terrible s'engage. Tout le monde est à son poste. Les voilà enfin les Boches, là, tout près de la voie ferrée. Ils poussent des cris sinistres ; mais ces cris vont réveiller dans ceux qui les entendent l'âme guerrière de la race. Le Génie des batailles plane sur cette poignée de braves. Il s'est réfugié dans la tête des Chefs qui commandent et qui tiennent dans leurs mains fermes les mailles de ce tissu vivant qui résiste. Il s'est réfugié dans le cœur des Cavaliers qui veulent vaincre ou mourir.

O race de héros, comme tu te bats bien. Enfants de la terre et de l'usine, hier bercés dans le rêve de la paix universelle, aujourd'hui jetés dans l'horreur de la mêlée, comme vous êtes grands ! Ah ! vous portez toujours dans votre âme le souffle immortel des Bayard, des Duguesclin, de toutes les pures gloires militaires de la France !

Qui dira jamais la beauté de ce drame où une poignée de Français tient en respect des milliers d'Allemands ?

Voilà trois jours que les Cavaliers sont là et ils luttent toujours et le front n'est pas brisé. Leur courage, lui aussi, n'est pas brisé. Que dis-je, brisé ! Il monte avec la pression ennemi qui grandit d'heure en heure.

Nous sommes au matin du quatrième jour ; un engagement qui a duré six heures vient de se produire ; un recul se manifeste. Un recul ! et de qui ? des Français épuisés sans doute ? Non, non un recul de l'Allemand supérieur en nombre. La petite vague française repousse au loin l'écume allemande. Les nôtres ont vaincu. Une fois encore la France, grande figure de cette guerre, vient de montrer la puissance de ses armes. Et maintenant le drame va finir... Mais en finissant, il va s'élever encore en mettant l'auréole du sacrifice au front de ceux qui ont déjà l'auréole de la gloire. Les héros vont devenir des martyrs. Vers 7 heures du matin, l'ennemi, qui s'est rendu compte qu'il a le nombre, ensevelit sous sa mitraille infernale ceux qu'il n'a pu réduire par l'énergie de l'attaque. Puis, surgissant aux deux ailes brisées du Coq Gaulois qui résiste, il vient prendre par derrière ceux qu'ils n'a pu vaincre en face. Le drame est fini mais les renforts arrivent, la situation est rétablie. La France est sauvée. Vive la France ¡ Elle est sauvée ! et quels sont donc les héros qui l'ont sauvée ? Ces héros sont des Français, ces Français sont des Cavaliers ? ces Cavalliers sont des Cuirassiers. Ces Cuirassiers appartiennent à la 3ᵉ Brigade, au 6ᵉ Régiment.

Oh ! leur gloire n'éclipse pas celle de leurs frères d'autres armes. Elle s'ajoute au patrimoine commun et fait plus lumineuse l'auréole qui resplendit au front de notre grand Pays.

Héros de la Marne et de Verdun, Fantassins jetés dix fois dans la mêlée, prodigues de votre sang, levez-vous dans vos tombes et venez tendre la main à vos frères Cavaliers. Au grand livre de l'Histoire où vous avez écrit de superbes pages, ils viennent d'ajouter un chapitre avec la même haute écriture, celle du sang versé.

O France ! que tes fils sont grands et comme ils t'aiment ! Comme elle est belle la gerbe de gloire qu'en mourant ils ont déposée à tes pieds ! Oh !

nous ne voulons pas voir notre douleur descendre dans notre cœur qu'emplissent les larmes et que fait frémir la fierté. Nous ne voulons voir que ton sol qui est sauvé, que ta gloire qui est renforcée. France ! Tu resplendis vraiment dans la pourpre que te compose le sang de tes enfants.

O Dieu ! je me tourne aussi vers vous. Sur tous les grands gestes accomplis par vos enfants plane la majesté de votre Etre et, j'espère, la douceur de votre pardon. Que vos créatures sont belles, quand elles se donnent, quand elles placent au-dessus de leur vie personnelle qui passe, le vie de la nation qui demeure ! Qu'elles sont belles quand elles vous imitent et vous suivent un Vendredi-Saint, heureuse coïncidence, dans la voie royale de la Croix où vous êtes passé le premier.

Quant à vous, fils tombés de la France chrétienne, frères martyrs dont l'âme baptisée demeure toujours vivante et réunie à la nôtre par le lien de la Communion des Saints, j'aime à penser qu'avant de mourir vous avez glissé une pensée religieuse dans la beauté de votre sacrifice : « *Mon Dieu ! je crois en vous... j'espère en vous... je vous aime... je vous demande pardon.* » J'aime à penser qu'au seuil de l'au-delà vous avez dit comme Jeanne sur son bûcher : « *Jésus ! Marie !* » Dormez maintenant dans la paix que Dieu donne à ceux qui se sont sacrifiés pour les autres. Et quand nous voudrons vous retrouver, nous regarderons deux endroits : le coin du sol français où dort votre dépouille, le coin du Ciel béni où vivent vos âmes immortelles ; *Amen.*

# DISCOURS

PRONONCÉ PAR

## M. LE GÉNÉRAL LAVIGNE-DELVILLE

COMMANDANT LA 4<sup>e</sup> DIVISION DE CAVALERIE

*A L'OCCASION DE*
*LA REMISE DE LA CROIX DE GUERRE*
*A L'ÉTENDARD DU 6<sup>me</sup> CUIRASSIERS*

---

OFFICIERS
SOUS-OFFICIERS
BRIGADIERS ET CAVALIERS DU 6<sup>e</sup> CUIRASSIERS !

Je suis heureux d'avoir pu décorer de la Croix de Guerre avec palme l'Etendard de votre Régiment.

J'en suis d'autant plus fier que c'est le premier régiment de Cavalerie cité pour avoir combattu à pied et que depuis nos revers de 1870-71 c'est le premier Etendard qui paraît aux Armées.

Combattants de la 4<sup>e</sup> Division de Cavalerie, pendant ces douze jours de l'Avre, vous êtes arrivés au bon moment, au bon endroit, celui où l'Armée a sauvé la France.

Car, si dans les régions que nous venons de traverser, les paysans peuvent travailler leurs terres, si les commerçants et les industriels peuvent continuer leurs affaires, si l'on peut vivre, écrire et penser en français; si même là-bas, à Paris, les lois continuent d'être faites et la justice rendue à la française, c'est à vous braves soldats de l'Avre et de la Somme qu'on le doit. Pourrait-on l'oublier ?

Mais il ne suffit pas de protéger, il faut aussi délivrer. A vous qui pour la plupart êtes des régions envahies, habitants de Lille, Cambrai, Douai, Sedan, Vouziers, Reims, Arras, villes martyrisées, il n'est pas besoin de vous rappeler que, derrière la ligne des uniformes gris et des casques à pointe, il y a vos champs, vos maisons, vos mères, vos femmes et vos enfants, tout ce qui est votre cœur.

Lentement, mais sûrement, vous arriverez à les libérer. Dieu aidant, nous le ferons ensemble ; et alors vous verrez le fanion de la 4ᵉ Division de Cavalerie que les obus ont déchiqueté galoper au milieu de vous vers la victoire.

Cavaliers du 6ᵉ Cuirassiers, vous aurez ce jour-là votre deuxième citation : la Fourragère ! C'est à cheval, en chargeant les Boches, que vous la gagnerez.

Mais nos cœurs ne seraient pas contents, nos âmes ne seraient pas des âmes de soldats, soucieux de nos plus belles traditions, si en même temps que l'on récompense le courage des braves, nous n'évoquions pas la mémoire des glorieux morts tombés là-bas à côté de nous.

Oui, chers Camarades tombés dans les plaines désormais illustres d'Hargicourt, de Moreuil, aux bois de l'Arrière-Court et Senecat, à Rollot, à Boulogne, vous avez fait généreusement le sacrifice dont notre gloire est faite. Vous avez payé de votre sang la dette sacrée que tout fils doit à sa mère, que tout Français doit à la France.

Prions pour eux, jurons de ne jamais oublier et de les venger bientôt.

Drapeau de la France, dressez-vous plus haut encore !

Fanions des unités décorés inclinez-vous !

Cuirassiers, Dragons, Hussards et Chasseurs présentez vos armes !

Officiers, saluez du sabre !

Et vous, Français qui m'écoutez, découvrez-vous !

Pendant que les trompettes vont sonner aux champs, aux champs de gloire pour les morts de la 4ᵉ Division de Cavalerie.

Trompettes, sonnez......

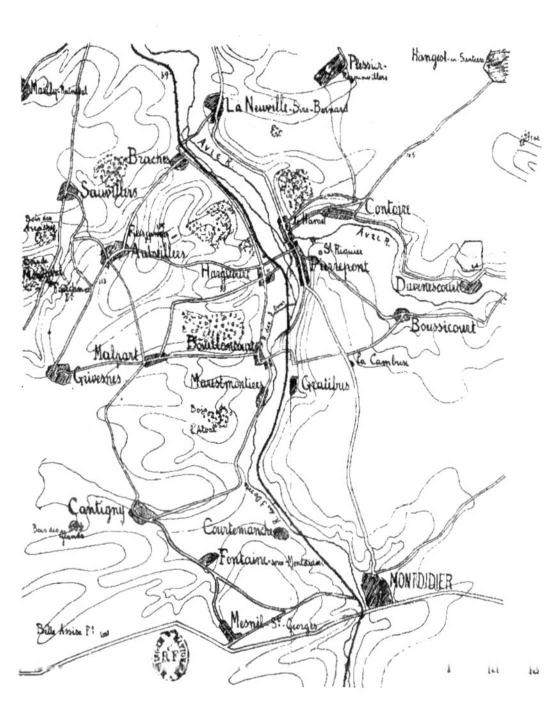

Mailly-Raineval
Plessier-Rozainvillers
Hangest-en-Santerre
La Neuville-Sire-Bernard
Braches
Sauvillers
Avre R.
Contoire
Aubvillers
Hargicourt
Pierrepont
St Riquier
Davenescourt
Boullencourt
Boussicourt
Malpart
Guivesnes
La Cambuse
Marestmontiers
Gratibus
Bois l'Abbé
Cantigny
Courtemanche
Fontaine-sous-Montdidier
MONTDIDIER
Mesnil-St-Georges
Belle Assise Fme